Jörg Zink

Atem der Freiheit

Kleine spirituelle Bibliothek
Band 5

Jörg Zink

Atem der Freiheit

Vom Leben im Offenen

Textauswahl von Hildegunde Wöller

KREUZ

Inhalt

Alles Lebendige ist ein Gleichnis

Mir schien schon als Kind, die Dinge bestünden nicht eigentlich aus festem Stoff. Und je länger ich noch heute einen Stein betrachte, einen Baum, ein vor mir liegendes Land, desto durchscheinender werden sie, als wären sie aus Kristall, aus Glas oder eigentlich nur aus Gestalt gewordenem Licht. Ich empfinde, wie sie leben, wie sie atmen, auch die Dinge, die wir für tot halten. Ich empfinde, dass ein großer Rhythmus sie in Bewegung hält, eine große Wärme sie durchströmt, ein großer Gedanke sie aufbaut, ein weiter, lichter und sehr lebendiger Horizont sie umgreift.
Erde, Feuer, Luft und Wasser

Ich war wohl kaum mehr als drei Jahre alt, da saß ich unter den Bäumen vor dem Häuschen, das meine zweite Mutter und meine drei Brüder mit mir bewohnten, und brauchte nichts. Ich saß reglos unter den Zweigen und lebte mit allem, was um mich her war. Es genügte, dass da ein Grashalm war, ein Blatt, ein Käfer, ein wenig Wind, ein Sonnenstrahl zwischen den Ästen. Ich war eines von diesen Dingen, Grashalm oder Blatt, und war eins mit ihnen allen. Und wie man mir später erzählte, habe ich bei all meiner Abgewandtheit von der Welt der Erwachsenen oder der anderer Kinder den Eindruck eines glücklichen Kindes gemacht.
Dornen können Rosen tragen

Ich habe damals mit allem geredet, mit dem ich zusammenkam, mit Käfern und mit dem Moos, mit Steinen und Quellen. Es war alles lebendig, und ich selbst war nichts anderes als sie alle. Wenn ich über die waldigen Abhänge hinschaute, geschah es mir immer wieder, dass aller feste Stoff sich vor meinen Augen auflöste und alles durchscheinend wurde, als sei es aus Glas. Die Bäume verloren ihre Dichte und wurden, als wären sie aus Licht. Die Felsen wurden durchscheinend auf die Erdtiefe, die dahinter und darüber war. Die Hügelkämme am Horizont gingen über in die abendliche Helligkeit, so als wäre diese ganze wunderbare Welt, in der ich lebte und schaute, nur ein kaum wirklicher Vordergrund zu einem Land aus Licht und geistiger Kraft.
Sieh nach den Sternen – gib acht auf die Gassen

Als ich zwanzig Jahre alt war, stand ich eines Tages wie festgebannt vor einem über und über weißblühenden Schwarzdorn, als wäre er eine himmlische Erscheinung, und ich wusste: Da rührt dich etwas an, das kommt von weit her. Und das geht dich an. Das musst du festhalten. Ich spürte förmlich die Kräfte, die hinter der Erscheinung am Werk waren. Weit hinter ihr. Aber ich hätte nicht sagen können, wer oder was mich da berührt hatte. Noch jahrelang ging das Bild des Busches mit mir. Und im Grunde wuchs in mir aus diesem Bild der Wille, mich nie in meinem Leben mit dem zu begnügen, was vor Augen liegt, sondern immer nach dem zu fragen, was denn in Erscheinungen und Begegnungen von weiter her zu mir dringen wollte. Und als ich später zum ersten Mal die Geschichte von der Offenbarung Gottes an Mose im brennenden Busch las, war mir, als erzählte die Bibel meine eigene Erfahrung.
Sieh nach den Sternen – gib acht auf die Gassen

Ich stand einmal eine Zeitlang auf freiem Feld und erinnere mich an eine Reihe sehr stiller und schöner Nächte. Der Himmel war klar, der Horizont frei. Die Kuppel der Sterne über mir. In der Navigationsschule hatte ich gelernt, wie sie alle heißen und wie sie zu Sternbildern zusammengehören, woran man etwa auch Planeten und Fixsterne unterscheide. Nun machte ich mit diesem einfachen Wissen eine der großen Erfahrungen meines Lebens. Ich sah, wie das ganze Himmelsgewölbe sich im Lauf der Stunden über mich hinweg bewegte, die Sterne aufstiegen oder in den Dunst des Horizonts eintauchten. Ich brauchte sie nur mit ihrem Namen zu begrüßen und zu verabschieden. Die Erde lag unter mir, weit und eben. Unbeweglich. Und unbeweglich stand ich auf ihr. Sie lag waagerecht, ich stand senkrecht zu ihr. Ich war eine Art Verbindung zwischen Himmel und Erde. Ich ahnte die unmessbaren Energien überall im Kosmos, versuchte sie aufzunehmen und war mir des großen Zusammenhangs gewiss, in dem ich stand und aus dem ich nicht fallen konnte.
Sieh nach den Sternen – gib acht auf die Gassen

Wir flogen durch eine Gewitterzone zwischen ungeheuren Wolkentürmen, durch Regenvorhänge und blendende Sonnenhelligkeit, und plötzlich stand ein Regenbogen klar und leuchtend vor uns, ein großer doppelter Kreis. Aber er war anders, als wir ihn von der Erde her kannten, war nicht der Halbbogen, der auf der Landschaft aufruht, sondern ein voller, doppelter Ring, und der kleine Schatten des eigenen Flugzeugs stand in der Mitte.

Der Anblick traf mich wie eine Offenbarung. So ist das also! dachte ich. Wenn nicht die Erde die Hälfte verdeckt, ist der Regenbogen ein voller, runder Ring. Er ist halb nur für unsere Augen, und nur, wenn wir unten auf der Erde stehen.

Rund und vollkommen und wie eine ferne Verheißung stand er da. Innen beginnend mit Violett, über Indigo und Blau zu Grün, Gelb und Orange und bis zu einem warmen Rot und von diesem Rot hinüberschmelzend zum Rot des äußersten Rings und dort wieder die Farben durchwandernd bis zu dem geheimnisvollen Violett.

Vielleicht oder sicher lag es an Bildern dieser Art, dass mir damals das Vertrauen ins Dasein nicht ganz verlorenging, das Vertrauen in seine Verlässlichkeit und Sinnhaftigkeit, der Glaube auch, es sei da einer, der das Elend der zerfetzten Welt barmherzig und heilend umgreift. Mir schien, wenn die irdische Begrenzung aufgehoben sei, dann könne zwischen den Wettertürmen unserer Erfahrungen auch die schmerzlich entbehrte Ganzheit dieses Daseins vor unseren Augen erscheinen.
Und von Anfang an verband sich mir die Vorstellung vom Gottesreich mit dem großen, vollen Kreis aus Licht, der, alles beherrschend und überstrahlend, zwischen den Wolken gestanden hatte.
Wie die Farben im Regenbogen

Es war in der arabischen Wüste. In der Nacht noch brach ich auf und wanderte unter den Sternen zu einem steilen Felsenberg, durch Sand und Geröll. Ringsum jene vollkommene Stille, die heute nur noch die Wüste kennt. Als ich oben ankam, zeigte ein blasser Schimmer die Richtung an, in der der Aufgang der Sonne geschehen sollte. Danach stand ich zwei Stunden dorthin gewendet, wo das große Schauspiel geschah. Kaum eine Farbe, die nicht irgendwann wie ein Schleier über den Himmel ging oder in einer schimmernden Bewegung über den unendlichen Horizont hin: Rot, Blau, Gold, Orange, Violett in einem zauberhaften Spiel. Dann fielen die Farben in sich zusammen, und das Licht kam. Die Sonne. Kein Laut in der grenzenlosen Weite. Und doch, ich verstand, warum die Dichter vom »Gesang der Sonne« sprechen. Wenn das Licht kommt, bringt es seinen eigenen großen Gesang mit, den die Ohren nicht, wohl aber die Augen vernehmen, das Wunder jener Helligkeit, die mit allen Sinnen aufgefangen wird und eindringt in die Tiefe der Seele ebenso wie in die letzte Faser des Körpers.
Erde, Feuer, Luft und Wasser

Eins sein mit allem, was lebt

Die Welt ist eine vom Staubkorn bis zu den fünfundzwanzig Dimensionen, von denen die Physiker reden, und bis zu der Dimension, in der die Toten und die Engel leben, in der unser Schicksal gewoben wird, und bis hin zu Gott selbst. Nirgends ist eine Trennung. Es gibt objektiv keine Grenzen, und die vorhandenen Grenzen, die unsere Sinne uns vortäuschen, sind überschreitbar. Es kann etwas durch sie hindurch zu uns gelangen, und wir unsererseits können durch sie hindurch ahnen, schauen, horchen und glauben.
Dornen können Rosen tragen

Mir ist vor mehr als fünfzig Jahren das Wort Hölderlins begegnet, mit dem er seinen »Hyperion« schließt: »Eins zu sein mit allem, was lebt…« Es hat mich seitdem in vielerlei Bedeutung begleitet. Als ich ein Schüler war, fand ich in ihm den Traum von einer mystischen Einheit zwischen der Seele und der Welt. Als ich den Krieg erlebte, war es mir eine Zuflucht, wenn mir die Welt der Menschen mit ihren Lügen und Verbrechen unerträglich wurde. Als ich erwachsen war, fand ich in ihm die Anweisung, das Elend der Menschen und der Geschöpfe dieser Erde wie mein eigenes mitzuerfahren. Heute, da ich alt bin, finde ich in ihm die Deutung des großen Zusammenhangs zwischen allen Schichten und Dimensionen, der mich auch weiter umgeben wird über dieses Leben auf dieser Erde hinaus. Eins sein mit allem. Mit dem lebendigen, umfassenden und alles durchdringenden Geist. Nicht abgetrennt sein von der Erde. Nicht allem anderen arrogant gegenüberstehen, sondern ihm zugehören und so dem Fluch der Wurzellosigkeit nicht verfallen, der die Ursache so vieler Krankheiten ist, denen die Seelen moderner Menschen zum Opfer fallen. Nicht dem Hass gegen die Schönheit und Würde der Dinge verpflichtet sein, der heute dieses »alles was lebt« zerstört.

Dornen können Rosen tragen

Ich liebe Bäume und Felsen,
Bäche und Singvögel.
Ich liebe die Wüste und den Sumpf,
das Meer und das Hochgebirge
und die sanften Formen
von »Berg, Hügel, Tal und Feldern«.
Ich habe nichts gegen die Erde,
auch nichts gegen ihrer Leiblichkeit,
nichts gegen ihre Fäulnis
und neues Leben aus der Verwesung.
Ich finde sie gut,
einschließlich von Geburt und Tod
in ihrer tausendfältigen Gestalt.
Ich fühle mich ganz und gar
als ein Wesen dieser Erde.
Und ehe ich über Leid,
Gewalt und Tod klage,
danke ich immer noch einmal dafür,
dass ich in dieser herrlichen, bedrohlichen,
wunderbaren Welt lebe.
Die leisen Kräfte sind es, die dich tragen

Sich zur Liebe aufrichten – sich in der Liebe beugen

Wer ist Gott?
Kein Gedanke ersteigt ihn,
keine Ausdauer wird ihn erreichen,
kein Tiefsinn ihn ergründen.
Wer sich zur Liebe aufrichtet,
reicht hinauf zu Gott.
Wer sich in der Liebe beugt,
ergründet seine Tiefe.
Wer in der Liebe seine Wege geht,
schreitet ihn aus.
Was bleibt, stiften die Liebenden

Unter den Kräften,
die das Menschenherz wecken,
erfüllen und begeistern,
ist sie die mächtigste.

Unter den Geheimnissen,
die ihm seine Not schaffen,
seine Trauer, seine abgründige Sehnsucht,
ist sie die tiefste.

Die Liebe ist Licht und Dunkelheit,
Tag und Nacht, Sommer und Winter,
Klarheit und Rausch,
Freiheit und Fessel zugleich.

Sie ist mächtig,
und sie macht wehrlos.
Sie wirkt Frieden und Wandlung,
sie bringt Reichtum
und fordert das Opfer.
Was bleibt, stiften die Liebenden

Der Liebende ist frei wie der Geliebte.
Er ist seiner selbst gewiss,
weil er geliebt ist.
Darum aber ist er sich selbst nicht wichtig
und geht auf im Geliebten.

Das ist der Garten,
in dem das Wunderbare gedeiht:
die Zartheit der Augen und der Hände,
des Herzens und des Leibes.

Zartheit – ihre verspielte Form
heißt Zärtlichkeit.
Zärtlichkeit gibt Schatten,
wenn die Sonne glüht,
sie gibt Wärme im Frost,
sie gibt das heitere Ruhen
und das glühende Spiel.

Vieles im Leben ist Spiel,
und vieles ist sinnvoll,
weil es Spiel ist.

In der Liebe aber ist es das Wunderbare,
das Heitere, das Gelöste,
die Atmosphäre, in der das Glück gedeiht.
Spiel ist Gelassenheit
und heiteres Entspannen.
Was bleibt, stiften die Liebenden

Die Liebe hat viele Namen.
Anmut kann sie heißen. Zuneigung. Trost.
Geduld oder Hoffnung, Herzlichkeit oder Mitleiden.
Sie gibt Geborgenheit oder weckt Begeisterung.
Sie ist eine Schwingung des Herzens,
hinübergehend zum anderen
über das leise Wort oder die zarte Berührung.

Sie ist wie ein Krug, aus dem der andere trinkt,
wie ein Licht, das seinen Raum hell macht.
Wie ein Spiegel, der ihm seinen Wert zeigt.
Sie ist der Schutz, den das Herz sucht,
auch das Herz eines starken,
sicheren und unabhängigen Menschen.
Sie hilft von Schritt zu Schritt weiterzugehen
in immer wieder andere Landschaft,
immer wieder andere Räume.

Sie hilft uns, nicht stehenzubleiben,
sondern uns zu verändern,
zu reifen, zu werden, die wir sind.

Das Geschenk der Liebe
ist die Wandlung unserer Enge und Angst
in behutsame Freiheit.
Liebe ist ein Wort aus Licht

Niemand, der offenen Auges durch die Welt geht,
kommt unversehrt durchs Leben, ohne das,
was Gottfried Keller die »Grundtrauer« nennt.
Auf dem Grund der Seele jedes Nachdenklichen
ist eine Zone heimlicher Schwermut,
des dunklen Mitleidens mit allen jenen,
die sich aus dem Elend nicht erheben können.
Trauer darüber, dass die Welt nicht in Ordnung ist.
Dass am Ende jeder großen Bemühung des Herzens
zwar da und dort ein wenig Licht sein wird,
am Ende unseres Lebens aber so viel Dunkelheit bleibt
wie am Ende des Lebens unserer Kinder und Enkel.

Liebe, um die es sich lohnt,
ist darum immer auch eine Art Abstieg.
Der Stärkere, der Gesunde, der Fröhliche
steigt ein paar Stufen hinab,
um dem Leidenden in seiner Angst nahe zu sein.
Liebe ist ein Wort aus Licht

Wenn du etwas Schönes siehst, dann lass dir Zeit. Wo etwas Heilendes geschieht, da bleib lange stehen. Ein Zeitverschwender aber wirst du sein müssen, wenn jemand deine Liebe braucht, deine Hilfe oder deinen Trost. Wo dir Trauer begegnet oder Leid, da ist es Zeit für viel Zeit. Denn die Zeit weitet sich, wo Wichtiges geschieht. Am Ende wird kaum etwas Schöneres über dich gesagt werden können als: »Er – oder sie – hat Zeit für mich gehabt.« Und das will heißen: Er hat ein Stück von sich für mich hingegeben.

Die goldene Schnur

Letztlich entscheiden unsere Augen, was wir sehen. Wenn wir wollen, sehen wir überall den Schatten des Bösen. Und wenn wir wollen, nehmen wir das Licht der Engel wahr. Unsere Augen wählen aus. Wenn wir Finsternis sehen und sie einlassen, machen wir uns selbst krank, nachtkrank. Wenn wir das Licht zu sehen bereit sind, öffnen wir einer heilenden Kraft den Weg in unsere Seele …
Wenn jemand sich einmal vorgenommen hat, täglich zehn Dinge schön zu finden, dann begegnet er täglich nicht nur zehn, sondern hundert schönen Dingen. Und das ist nun Nahrung für die Seele, Atem für die Seele, Heilmittel und Wohltat. Er lernt, und das ist das Wichtigste, wenn jemand in dieser Welt etwas von Gott wahrnehmen will, das Staunen und das Lieben. Die Staunenden und die Liebenden leben gesegnet. Sie finden, was schön ist, auch in den Menschen, und sie können die Menschen, diese seltsamen Lebewesen auf Gottes Erde, auch ein wenig lieben.

Wie die schöne Lau das Lachen lernte

In den Kreisen der Friedensbewegung der siebziger und achtziger Jahre machten wir immer wieder eine bestimmte, schwere Erfahrung. Wenn wir versuchten, die Menschen aus ihren Verstrickungen in ihre Feindbilder zu lösen, wurden wir selbst in ihren Augen zu Feinden. Zu Kommunisten, zu Staatsfeinden, zu nützlichen Idioten des Feindes. Zu Leuten, die die Sicherheit bedrohten. Wir erkannten, dass wir, wenn wir Frieden stiften wollten, bereit sein müssen, an uns selbst die Feindbilder zu ertragen, ohne die die meisten Menschen nun einmal nicht auszukommen scheinen. Dann ist Liebe nötig gerade zu den Menschen, die aus uns selbst Feindbilder gemacht haben, weil sie keine andere Möglichkeit besitzen, ihre tiefe Angst und Ratlosigkeit loszuwerden, als die, ihren Hass gegen die zu richten, die sich außerhalb der übersichtlichen Fronten von Freund und Feind gestellt haben.

Sieh nach den Sternen – gib acht auf die Gassen

Geheimnisreicher Gott

Es ist gut, Zeit zu haben und lange hinzusehen auf die Erscheinungen dieser Welt, die Dinge, die Lichter, die lebendigen Wesen. Denn alles, und sei es noch so einfach, ist eine Hülle des Schöpfers. Er ist in jedem Stein, in jedem Blatt, in jeder Wolke, der Allgegenwärtige, in jedem Stück auch aus der Hand des Menschen. Wo anders sollte Gott sein?
Wo ist Gott? Er ist nicht im Unsichtbaren allein. Er ist nicht im Sichtbaren allein. Er ist uns am nächsten, wo Sichtbares und Unsichtbares ineinander übergehen, dort, wo die Dinge durchscheinend sind, wo Formen entstehen und vergehen, wo ein Wort laut wird und wieder Schweigen einzieht, an der Grenze, an der wir dem Geheimnis begegnen, uns selbst und Gott.
Alles Lebendige singt von Gott

»Die Mitte der Nacht ist der Anfang des Tages« – das ist einfach und natürlich. Solange auf unserer Erde Tage und Nächte einander folgen, beginnt der neue Tag um Mitternacht.
Aber das Wort will mehr sagen, denn der alte Hymnus, aus dem es stammt, fährt fort: »Die Mitte der Not ist der Anfang des Lichts.« Wenn es also meint, die Mitte unserer Nacht sei der Anfang unseres Tages, dann gehört ein kühner Glaube dazu, es auszusprechen. Denn dass die Nacht unserer Angst, unserer Schwermut und Bitterkeit der Anfang der Zuversicht und Freiheit sei, ist, solange die Nacht währt, schwer zu fassen. Und wenn das Wort gar bedeuten soll, die tiefe Nacht, die sich um Gott legen kann, den rätselhaften und dunklen Gott, sei der Anfang der Klarheit und des Vertrauens, dann kann nur der es nachsprechen, der bereit ist, in die Dunkelheit zu gehen, als wäre es Tag.
Die Mitte der Nacht ist der Anfang des Tages

Schweigen möchte ich, Gott,
und auf dich warten.
Schweigen möchte ich, damit ich verstehe,
was in deiner Welt geschieht.

Schweigen möchte ich,
damit ich den Dingen nahe bin,
allen deinen Geschöpfen,
und ihre Stimmen höre.

Ich möchte schweigen,
damit ich unter den vielen Stimmen
die deine erkenne.

»Als alle Dinge
in der Mitte des Schweigens standen«,
sagt die Bibel,
»da kam vom göttlichen Thron,
o Herr, dein allmächtiges Wort.«

Ich möchte schweigen
und darüber staunen,
dass du für mich ein Wort hast.

Gott, ich bin es nicht wert,
dass du zu mir kommst,
aber sprich nur ein Wort,
so wird meine Seele gesund.
Wie wir beten können

Ewiger, heiliger,
geheimnisreicher Gott.
Ich komme zu dir,
Ich möchte dich hören, dir antworten.

Vertrauen möchte ich dir und dich lieben,
dich und alle deine Geschöpfe.

Dir in die Hände lege ich Sorge,
Zweifel und Angst.
Ich bringe keinen Glauben
und habe keinen Frieden,
nimm mich auf.

Sei bei mir,
damit ich bei dir bin,
Tag um Tag.

Führe mich, damit ich dich finde
und deine Barmherzigkeit.
Dir will ich gehören,
dir will ich danken,
dich will ich rühmen, Herr, mein Gott.
Der Singvogel

Wenn die Sonne steigt,
wenn sie sich wendet,
bist du um mich wie der Lüfte Wehen.
Wenn ein Tag beginnt und wenn er endet,
wird, mein Gott, nichts ohne dich geschehen.

Alle meine Quellen sind in dir.
Alle meine Kräfte, all mein Leben.
All meine Liebe ist von dir gegeben.
Du bist alles, Gott, du lebst in mir.

Wenn ich frühe deine Schönheit preise,
suche ich dein Bild in allen Dingen.
Wenn ich abends träume, hör ich leise
all die vielen Stimmen von dir singen.

Wenn ich durch die Stunden meiner Tage
deinen Willen suche zu erfüllen,
wenn ich müde werde, wenn ich klage,
wirst du mich in deinen Frieden hüllen.

Oft bist du mir abgrundtief verborgen.
Oft auch irre ich auf eigenen Wegen.
Dennoch gib am Abend und am Morgen
mir und allen Menschen deinen Segen.

Alle meine Quellen sind in dir.
Alle meine Kräfte, all mein Leben.
All meine Liebe ist von dir gegeben.
Du bist alles, Gott, du lebst in mir.
Der Singvogel

Das Maß, das ich fand

Erlösung des Menschen heißt Erlösung zu einem freien, klaren, bewussten Stehen, und dies gerade, weil ihm das Trotten, das Rennen und Fallen, das Stolpern und Herumliegen so viel näher liegen als das Stehen. Das Stehen Jesu vor seinen Richtern ist eine lebenslange Einübung wert. Es ist nicht nur der »aufrechte Gang«, den die Menschen nach Bert Brecht lernen sollen, es ist mehr, denn dieses Stehen bezieht immer das große Du ein, dem wir über alle unsere irdischen Machthaber und Richter hinaus in Wahrheit gegenüberstehen. Es ist die Haltung, in der ein Mensch sein Geschick annimmt und »zu ihm steht«, wissend, dass der Gott, der es ihm zumisst, sein Heil, seine Freiheit, seine Erlösung will.
Erfahrung mit Gott

Ich weiß, dass es eine Grenze auch für alle frommen Worte gibt. Ich weiß, dass Menschen so über das Maß ihrer Kraft und ihres Glaubens geschunden und getreten werden können, dass ein Wort sie nicht mehr erreicht, und ein Wort, das von Glauben und Hoffen spricht, schon gar nicht.
Ich weiß aber auch, nein, ich glaube es – wenn überhaupt am christlichen Glauben ein Wort wahr ist –, dass kein Weg eines Elenden und Verlassenen im Elend und in der Verlassenheit enden muss. Womit man das belegt? Es gibt keinen Beleg außer der Liebe, die uns von Christus entgegenkommt, und der Liebe Gottes, von der er spricht. Wem sollten wir es abnehmen, wenn nicht ihm?
Die Mitte der Nacht ist der Anfang des Tages

Ich ging seinen Spuren nach auf jenem wunderbaren Fleck Erde, in dem er gelebt hat, dem sonnenüberglühten Land am See Gennesaret, und ging ihm so lange nach, bis ich mir wirklich vorstellen konnte, wie er mit der Gruppe seiner Anhänger von Haus zu Haus, von Dorf zu Dorf ging, redend und schweigend, heilend und fordernd, die Menschen suchend mit der ihm eigenen Güte und Klarheit, mit seiner Liebe zu den Menschen und seinem Wissen um ihr Elend zugleich.
Ich habe mir auf dem schönsten Berg, den ich finden konnte, dem Arbel, den ich als das Herz Galiläas empfand, seine Reden vorgelesen, nicht nur die Bergpredigt, aber die besonders, und ich meine, ich hätte dort erst den Anfang gemacht, sie wirklich zu begreifen.
Ich fuhr mit den Fischern aus Tiberias und Ginosar zum Fischfang aus und suchte ihn zu sehen, wie er vom Boot aus redete oder im Sturm über den See fuhr. Ich ging von Trümmerhaufen zu Trümmerhaufen: Betsaida, Chorazin, Magdala und wie sie alle heißen, und stellte mir die Häuser vor und die

Menschen, die Armen und die Reichen, die Gesunden und die Kranken, die Dankbaren und die Widerstrebenden, und ihn, Jesus, mitten darin. Mit den Menschen umgehen wie er, der Meister, mit ihnen umging, das war das Maß, das ich fand. Unter den Menschen aushalten, wie er aushielt, und den Menschen jenes Reich Gottes vor die Augen und vor die Seele stellen, das um sie her war und das auf sie zukam in seinen vielen Gestalten.
Wie die Farben im Regenbogen

Im Anfang war das Wort.
Das Wort war bei Gott,
und Gott war das Wort.

Nicht Zufall, nicht blinde Kraft
brachten die Welt hervor.
Im Anfang war Gottes Geist.
Denkend. Gestaltend. Liebend.

Im Anfang schuf Gottes Geist
Himmel und Erde.
Gott sprach: Es werde Licht!
Und es ward Licht.

Gottes Geist wurde sichtbar
an Himmel und Erde.
Gottes Geist wurde fassbar
in der Welt und ihrer Ordnung.
Gottes Geist nahm Gestalt an,
und die Welt wurde schön.

Am Anfang war schaffende Kraft.
Am Anfang war gestaltender Wille,
am Anfang war klarer,
lichtvoller Geist,
und es wurde eine Welt
voll schaffender Kräfte,
voll gestaltender Energien,
voll klarer, sinnvoller Ordnungen.

Aber das Wort
war nicht nur am Anfang.
Es ist noch immer die schaffende Kraft,
das heimliche Wesen der Dinge.

Im Wort, das du sprichst, Gott,
ist das Leben,
und das Leben ist das Licht,
in dem wir stehen.
Er, Christus, ist das Licht,
das uns allen leuchtet.

Er war in der Welt,
die Welt ist durch ihn gemacht.
Er kam in sein Eigentum,
und die Seinen nahmen ihn nicht auf.
Die ihn aber aufnahmen,
die machte er zu seinen Kindern,
nicht aus menschlichem Willen wurden sie es,
sondern aus seiner Kraft.

Das Wort wurde Mensch
und wohnte unter uns,
und wir sahen die Herrlichkeit,
die der Sohn hat vom Vater,
voller Gnade und Wahrheit.
Und aus seiner Fülle
haben wir alle empfangen
Gnade um Gnade.

Niemand hat Gott je gesehen.
Er allein, der von Gott kam,
Christus, hat uns Kunde gebracht.

Im Anfang unseres eigenen Lebens
war das Wort,
schaffender Geist aus Gott.
Auch wir selbst kommen
aus seiner schaffenden Kraft,
aus seiner gestaltenden Kunst.
Die leise Stimme Gottes
begleitet uns über die Erde.
Uns aber ist gegeben zu antworten
mit Leib und Seele.

Gottes Geist spricht nun in uns,
und wir hören seine Sprache
in unserem Wort.
Gottes Geist gibt uns Ohr und Stimme,
und neue Schöpfung geschieht,
neuer Anfang aus dem Wort.
Denn aus seiner Fülle
haben wir alle empfangen
Gnade um Gnade.

Nach Johannes 1 – Psalmen und Gebete der Bibel

Die Wahrheit ist ein Licht. Wahrheit stellt man auf einen Leuchter. Wahrheit lässt man strahlen. Die Wahrheit ist kein Knüppel. Mit Wahrheit schlägt man nicht zu. Wer mit der Wahrheit zuschlägt, hat nicht die Wahrheit als Waffe in der Hand, sondern sein eigenes ungereinigtes Wesen. Wahrheit macht frei, Wahrheit fesselt nicht, Wahrheit engt nicht ein, Wahrheit nimmt Lasten ab, so gewiss Christus sagt: Ich nehme euch eure Last ab. Ein Wort, das Christus einem Menschen eingibt, ist daran kenntlich, dass es irgendeinem Menschen eine Last abnimmt. Wahrheit ist, wo der Horizont weit und frei wird, wo die Probleme der Menschheit transparent werden, wo das Leid gesehen wird und die Angst sich löst. Die Wahrheit ist keine Mauer, Wahrheit trennt nicht, das tun nur die kleinkarierten Wahrheiten der Menschen. Wahrheit ist ein Weg. Ich bin der Weg, sagt Jesus. Wahrheit ist eine Brücke. Die Wahrheit verkündigen heißt über die Brücke zu anderen Menschen hinübergehen, wie Christus hinübergehen über den tiefen Abgrund des Hasses.

Wie die Farben im Regenbogen

Wir haben nicht alle Wahrheit, aber so viel, wie wir unterwegs brauchen. Wir kennen nicht alle Geheimnisse. Wir lösen nicht alle Rätsel. Wir müssen nur wissen, auf wen wir zugehen und wie wir die nächste Strecke Weges bewältigen.
Wir haben nicht alle Freiheit, aber so viel, wie wir unterwegs brauchen. So viel, dass wir uns nicht festhalten zu lassen brauchen, wenn wir gehen wollen. Uns ist nicht aller Sinn erschlossen, aber so viel, dass wir uns nicht um ihn zu sorgen brauchen. Wir müssen nicht erkannt haben, warum die Welt sich dreht. Wir dürfen aber vertrauen, dass unserem Geschick ein Plan zugrunde liegt und von uns nur die kleine Treue verlangt ist, auf dem Weg zu bleiben.
Wie die Farben im Regenbogen

Der Mensch will geglaubt sein

Ich weiß, dass ich auf keine Weise Gott bin. Aber ich weiß auch, dass der, der allein Gott ist, in mir Wurzel geschlagen hat. Das ist der Grund der Demut wie des Stolzes. Ich bin Gras, »das am Morgen blüht und am Abend verdorrt« , ich bin aber auch der Grund, aus dem die Blüte, die Gott ist, aufwächst, wenn ich darauf verzichte, selbst Blüte zu sein. Was ich also bin am Ende meines Lebens, ist nichts, das aus mir selbst ist. Ist also der Tod ein Opfer, so ist es ein Opfer Gottes an Gott.

Sieh nach den Sternen – gib acht auf die Gassen

Wer aber ist der Mensch, wenn die Begegnungen in der Osterfrühe etwas über ihn aussagen? Er ist der Vorübergehende. Er ist der Leidende, der aus seinem Leiden aufwacht wie aus einem dunklen Traum und beginnt, das Licht zu sehen. Er ist der Träumende, der vor den Gräbern steht und erwachen darf, der vorübergehen darf an den Bildern des Schreckens und heimgehen, bewahrt, bejaht, begleitet, bei seinem Namen gerufen von dem, der ihn über den Tod hinweg meint, der ihn geschaffen, der ihn befreit hat. Er ist das Wesen, das im Übergang ist in die Freiheit. Der Mensch ist das Wesen, dem heiliger Geist zugedacht ist. Das bestimmt ist, offen zu sein, das die Tür durchschreitet vom einen zum anderen mit dem Wort von der schöpferischen, heilenden, vergebenden Güte Gottes. Der Mensch ist nicht zu bestimmen dadurch, dass man ihn gegen das Tier abgrenzt und zeigt, wie anders, wieviel mehr er sei. Er ist zu bestimmen vom Geist Gottes aus, den er empfangen und weiterreichen soll. Jede andere Bestimmung bleibt unterhalb des Menschen.

Ein Mensch ist ein Wesen, das befähigt ist zur Liebe durch den lebendigen Gott, der die Liebe ist. Er ist das Wesen, das befähigt ist, Menschen so zu lieben, dass sie selbst zur Liebe erwachen. Denn das ist die Grenze, an der zu wirken Christus seine Jünger beruft: die Grenze zwischen dem Tod und der Liebe. Der Mensch an der Grenze, die ihm erreichbar ist, ist das Wesen, das sich binden lässt um der Freiheit anderer willen. Er ist – entgegen allem, was wir über ihn zu wissen meinen – der zur Liebe Fähige.

Der Mensch will geglaubt sein. Wer den Menschen beschreibt als den, den er sieht, greift zu kurz.
Erfahrung mit Gott

Ich soll ein Instrument des Geistes Gottes sein, ein Ort des leisen, wortlosen Gesprächs Gottes mit sich selbst und mit mir. Der Geist weckt die Töne, die auf dem Instrument meiner Seele erklingen sollen. Der Geist nimmt sie auf, trägt sie zu Gott, und es beginnt etwas zu schwingen zwischen Himmel und Erde. Dann aber werden mir viele gerade im Protestantismus vernachlässigte Dinge wichtig sein. Wissen wir denn im Zusammenhang unseres Glaubens zu sagen, was Schönheit sei, was Schaffenskraft, was Sinnlichkeit, Erdverbundenheit, Mitgefühl oder was ein Fest und was ein Segen?

Dornen können Rosen tragen

Ich möchte ein Lied versuchen,
mein Lied.
Ich möchte dich rühmen,
dessen Stimme ich höre im Gesang aller Dinge.

Gerühmt seist du,
Bildner der Erde und ihrer Kraft.
Gerühmt seist du, Glut im Feuer,
Geist im Wehen des Windes,
Weisheit im Wirken der Wasser.

Gerühmt seist du,
Ursprung und Quelle alles Lebendigen,
aller sichtbaren und unsichtbaren Wesen.
Im Abglanz unserer Lichter
und im Spiegel unserer Bilder schaue ich dein Licht.

Ich bin eine Stimme unter deinen Geschöpfen.
Ich bringe, was ich empfange,
auf dem kurzen Weg, den ich gehe.
Erde, Feuer, Wind und Wasser,
sie alle haben ihr Geheimnis aus dir.

Ich empfange es von ihnen
und gebe ihnen meine Melodie und mein Wort
in der Sprache des Herzens.
Ich selbst bin Erde, Feuer, Wind und Wasser.
Sie kreisen in mir
und singen in mir ihren Gesang.
Erde, Feuer, Luft und Wasser

Mit dem Herzen denken

Wer mit dem Herzen denkt, lebt aus der Kraft, die ihm aus der Erde zufließt über Leib und Seele, und dankt ihr mit jener Zartheit der Mitverantwortung, die die Erde an ihm sucht.
Wer mit dem Herzen denkt, verwandelt seine Erfahrung nicht in Überlegenheit, nicht in Gewalttat oder Vorrecht, sondern in Freundlichkeit gegenüber aller Kreatur.
Die goldene Schnur

Wer mit dem Herzen denkt, der steht der Erde nicht in erster Linie als der gegenüber, der sie verändern will, sondern als ein Hörender und Schauender. Er lauscht ihrer Lebendigkeit, nimmt ihre Bilder in sich auf und tut am Ende, was für sie und ihn zugleich gut ist.

Wer mit dem Herzen denkt, weiß, dass es nicht nur das Recht der Täter gibt, sondern auch das Recht alles dessen, was einfachhin nur »ist«, und er weiß auch, dass es zuletzt nicht auf das ankommen wird, was er leistet, sondern auf das, was er selbst wurde. Wer mit dem Herzen denkt, der braucht nicht nach einem Werk auszuschauen, das den Anschein ewiger Dauer oder Gültigkeit vorspiegelt. Er braucht nicht festzuhalten, was er erreicht hat, was er hat oder was er ist. Er weiß sich eingebettet in einen Strom des Werdens, der ihn trägt und in dem er andere tragen kann. Er weiß, dass Liebe weder Besitz noch schützende Mauer ist, sondern selbst ein Strom. Er empfängt Liebe, gibt sie zurück und empfängt sie wieder in veränderter Gestalt.

Wer mit dem Herzen denkt, weiß, dass auch andere Menschen ein Herz haben, das leidensfähig ist, fähig der Freude und des Entbehrens, ein Herz, das sich ängstet vor dem Leben und dem Tod und das wenig oder viel Kraft hat, zu lieben und der Angst zu widerstehen. Er weiß, dass er eingebettet ist in eine leidensfähige und der Liebe bedürftige Schöpfung. Er weiß, dass wir den anderen nicht nur Worte schuldig sind, nicht nur Erklärungen, nicht nur Theorien und Gedanken, sondern auch Zeichen, leibliche, sinnliche. Vor allem das Zeichen, dass wir neben ihnen sind, wenn sie irre werden an ihrer eigenen Gestalt. Was er sagt, weiß er eher entbehrlich als das, was an Mitleiden des Herzens bis zum Herzen dringt.
Die goldene Schnur

Das »Herz« schaut anders in die Welt als der bloße Verstand. Offener. Aufnahmebereiter. Ehrfürchtiger. Es tut den Dingen keine Gewalt an. Es verbindet die Offenheit des Kindes mit der Weisheit des Alters. Es schreibt den Dingen und den Menschen nicht vor, wie sie zu sein hätten, sondern respektiert ihr inneres Gesetz. Es hat einen wachen Sinn für das Wesentliche und Wesenhafte. Wo das Herz seinen Blick hinlenkt, da finden die Menschen und die Dinge ihre je eigene Freiheit. Es nimmt sie sozusagen behutsam »in beide Hände«, auch das an ihnen, was nicht stimmig ist, auch ihr Leid, ihre Angst, ihre Gefährdungen. Auf diese Weise kann das Herz in unserer Welt, wie sie nun einmal ist, kaum herrschen, wohl aber erlösend wirken. Entlastend. Ermutigend. Befreiend. Heilend. Wenn wir Jesus zusehen, so verstehen wir, was es heißt, mit dem Herzen zu erkennen und mit dem Herzen zu agieren.

Die goldene Schnur

Ein Netz aus Fäden von Licht

Geben und Nehmen ist das Gesetz,
nach dem der Baum lebt vor deinem Haus.
Wurzel und Astwerk halten einander die Waage.
Jedes Blatt nimmt und gibt.
Das ist das einfache Gesetz,
dem das Leben gehorcht,
solange es lebt.

Wer das Netz sucht,
das Netz aus Fäden von Licht,
das uns auffängt und trägt,
die tragende Kraft unseres Vertrauens,
der findet in der Kunst des Nehmens einen Faden,
in der Kunst des Gebens einen anderen.
Was bleibt, stiften die Liebenden

Der Geliebte muss ein Liebender sein,
und er muss wissen,
wie sich überall im Leben
das Gesetz der Spiegelungen wiederholt:

Man kann nicht das Glück suchen
und dabei das Glück anderer verletzen.
Man kann nicht die Quelle des Glücks
irgendwo draußen suchen
und sich, wo man selbst eine Quelle sein soll,
den anderen geizig zeigen.

Die Liebe wird uns so viel geben
an Leben und Glück, wie wir lieben.
Wo das Glück entspringt

Niemand hat sich sein Schicksal ausgesucht, sein Wesen, seine Schwächen, seine Neurose oder seinen brüchigen Charakter und all seine Gespaltenheit. Niemand hat sich die Grenzen seiner Kraft selbst verordnet. Wir erleiden alle ein Leben, das uns ein anderer bereitet hat, und es hat keinen Sinn, dass wir uns selbst oder einander die Schuld daran aufbürden.
Sieh nach den Sternen – gib acht auf die Gassen

Niemand begreift sein Schicksal, der es hasst oder ablehnt. Hass ist immer der Beweis dafür, dass einer das, was er hasst, nicht kennt. Was man kennen will, worauf man angemessen reagieren will, das muss man – ein wenig zumindest – lieben. »Liebe zum Schicksal«, wie die Alten sagten, ist weiser jedenfalls als die Einfalt, mit der wir heute meinen, jedes Schicksal lasse sich mit ein wenig Geschicklichkeit zum »Guten« wenden, und mit der wir, wenn uns Schlimmes widerfährt, in das undurchdringliche Schicksal hineinfragen: Warum trifft das mich? Es trifft mich. Und was mich trifft, ist ein Teil von mir.
Erde, Feuer, Luft und Wasser

Die Welt ist eine Art Spiegelkabinett, in dem wir unaufhörlich uns selbst begegnen. Was wir sind, kommt uns entgegen. Was wir bändigen wollen, nimmt uns gefangen. Was wir anklagen, das spricht unser Urteil über uns. Nur wo es uns gegeben wird, zu lieben, öffnet sich uns das Fenster in eine schönere, eine freiere, eine bewohnbare Welt.

Sieh nach den Sternen – gib acht auf die Gassen

Nichts trifft uns zufällig.
Nichts trifft uns nur,
weil ein anderer es will.
Es hat alles seine Entsprechung in uns,
jedes Glück, das von außen kommt,
und jedes Unglück.

Denn alles hängt zusammen.
Was außen gelingen soll,
muss innen beginnen.
Und nichts gedeiht
zwischen den Menschen
um uns her, was nicht unten,
in unserer eigenen Seele
anfing zu gedeihen.
Wo das Glück entspringt

Ein Gefühl ist wie ein Kind,
das in uns lebt und weint und lacht,
Hunger hat und bemerkt sein will.
Wer zu seinem Gefühl zu oft sagt:
Sei still, ich habe jetzt keine Zeit für dich –
dessen inneres Kind sitzt eines Tages
in einer vergessenen Ecke und trauert,
wird krank und verkümmert.

Mit Gefühlen soll man umgehen,
wie man mit einem Kind umgeht.
Man sieht ihm freundlich zu und aufmerksam.
Man hört, was es klagt,
man leidet mit ihm, wenn es leidet.
Denn Gefühle sind die lebendigsten Kräfte in uns,
und keine andere Kraft in uns
bringt so Lebendiges hervor.
Was bleibt, stiften die Liebenden

Es gibt Zeiten in unserem Leben, in denen es wichtiger ist, geduldig zu sein als tüchtig, besser, Schmerzen gewachsen zu sein, als zu arbeiten, nötiger, sich in andere zu fügen, als zu befehlen, die Einsamkeit einer Nacht auszuhalten, als am Tage mitzureden. Und eben diese Zeiten, die uns so fremd geworden sind, sind es, in denen sich zeigt, wer wir in Wahrheit sind.
Die Mitte der Nacht ist der Anfang des Tages

Was ich Zufall nenne, fällt mir zu. Es ist mir zugedacht. Von wem sollte es mir zufallen, wenn nicht von Gott?
Lass also deinen Willen. Du kannst ohnedies nicht verantworten, was du tust und was durch dich geschieht. Lass dich führen.
Lass einmal deine Pläne. Dein Leben findet seinen Sinn nicht in dem, was du von deinen Plänen erreichst. Vertraue dich dem verborgenen Plan an, den Gott mit dir hat. Er kennt dich.
Lass auch einmal deine Sorgen um andere Menschen. Du besserst wenig mit deinen Sorgen. Tu, was nötig ist. Aber vertraue der Sorge, die in Gottes Willen am Werk ist.
Lass deine Angst vor der Übermacht anderer Menschen. Jesus Christus war wehrlos zwischen den Mächtigen. Die Mächtigen sind untergegangen. Er lebt. Und du wirst mit ihm leben.
Lass deine Angst vor deinem eigenen Versagen. Du brauchst weder ein vollkommener noch ein wichtiger noch ein allseits geachteter Mensch zu sein. Wichtiger ist, dass du weißt:

Ein gesegneter Mensch wirst du sein nach seinem Willen.
Lass alle ungelösten Fragen. Lass alle Mühe, die du mit dir selbst hast, dann und wann ganz und gar stehen und liegen. Lass alle verkrampften Erwartungen an dich oder an die Menschen. Du wirst auf deine Fragen in dieser Welt keine Antwort finden außer dem Vertrauen, dass es einen Augenblick geben wird, in dem dir die Wahrheit aufgeht.
Renne nicht gegen verschlossene Türen. Bleib stehen mit Gelassenheit und Geduld. Eines Tages werden sie sich öffnen, und du wirst Gott begegnen.
Lass dich selbst. Du lebst in der Hand Gottes. Und das gilt.
Die goldene Schnur

Es gibt dunkle Mächte,
aber du brauchst dich nicht zu fürchten.
Du kannst mit allen deine Plänen scheitern,
aber du bist getragen.
Du kannst schwach werden,
aber du brauchst nicht auf eigenen Füßen zu stehen.
Es kann dir alles genommen werden,
aber nichts brauchst du festzuhalten.
Was du brauchst, liegt dir ungefährdet in der Hand.
Du kannst bedroht sein,
aber du brauchst dich nicht zu wehren.
Du kannst dir kein unschuldiges Herz bewahren,
aber Gott misst dich nicht an deiner Unschuld,
sondern an deiner Liebe zu denen,
die gleich dir schuldig sind.

Willst du angstfrei leben?
Dann lass deinen eigenen Willen,
und gib dem Wirken Gottes Raum.
Suchst du Gelassenheit? Dann höre die leise Stimme,
die dir sagt, worin dein Dasein gründet.
Sieh nach den Sternen, gib acht auf die Gassen

Je länger ich auf dieser Erde bin,
desto wichtiger werden mir die zarten Dinge,
die ich irgendwo wahrnehme.
Und ich lerne dabei,
was uns helfen kann zu leben.

Für alles danken.
So meidet man die Bitterkeit.
Verzeihen, ohne Aufheben davon zu machen.
So gibt man immer mehr Raum.
Immer weniger mit Gewalt tun
und immer mehr mit Geduld.
Immer weniger hassen und ablehnen.
Sich an immer mehr mitfreuen.
Immer weniger fordern
Und immer weniger verweigern.

Am Ende sind alle Grundsätze unwichtig.
Im Ernstfall genügt ein wenig Barmherzigkeit.
Postkarte

Hinübergehen

Es gibt ein Gesetz im Leben, dass, wenn sich eine Tür schließt, eine andere sich auftut. Wenn aber die Türen, durch die wir im Leben gegangen sind, sich schließen, eine nach der anderen, dann lösen sich die Wände vor unseren Augen auf, in denen die Türen sich gedreht haben. Und die Welt wird groß. Das Licht einer anderen Wirklichkeit liegt über ihr, und unser Weg fängt noch einmal an.
Wie die schöne Lau das Lachen lernte

Unser Leben ist keine graue Sackgasse mit nachtschwarzem Ende. Im Gegenteil. Dort, wo wir die dunkelste Stelle passieren, bricht das Licht auf. Unser Leben ist ein Gehen aus dem Dunkel ins Licht, aus dem Licht ins Dunkel und wieder und wieder von einem ins andere, und am Ende ein Gehen ins Licht. Dort, wo sich der Sinn des Ganzen offenbart, malt die Bibel Bilder aus Licht. Aus Feuer. Aus Kristall.
Auferstehung

In abenddunklen Zweigen
verklingt der Amselschlag.
Wir hören, stehn und schweigen,
geben uns dir zu eigen.
Voll Mühe war der Tag.

Wir fürchten das Verderben.
Am Himmel glüht ein Brand.
Wenn Menschenreiche sterben,
wenn Menschenwerk in Scherben
fällt, lass uns deine Hand.

Dein ist der Gang der Zeiten.
Dein ist die Mitternacht.
Durch alle Bangigkeiten
wollst du hindurchgeleiten,
bis wir zum Tag erwacht.
Der Singvogel

Mein eigenes Grab, in das man mich eines nicht fernen Tages versenken wird, wird keinesfalls leer sein. Und ich glaube dennoch, dass ich auferstehen werde. Warum soll denn der Leib, der in dieser Welt seinen Dienst getan hat, nicht gerne im Grab sein und sich mit ihm auflösen, bis er anderen Wesen, die leben wollen, das Leben weiterreicht? Warum soll aus meinem Leib, wenn er zu Erde geworden ist, nicht eines Tages ein Löwenzahn wachsen, ein schönes, lebendiges Wesen mit einer goldenen Blüte? … Unseren Körper brauchen wir hier auf dieser Erde. Wenn wir hinübergehen in das andere Leben, brauchen wir ihn nicht mehr. Der Körper ist wie ein Kleid. Ein Kleid ist wichtig, wenn es kalt ist und der Wind weht. Es macht warm und kann auch schön sein. Aber abends, wenn wir schlafen, ziehen wir unser Kleid aus und hängen es über einen Stuhl. Wenn jemand stirbt, zieht er seinen Körper aus wie ein Kleid. Das Kleid legt man in die Erde … Der Mensch bekommt von Gott ein neues Kleid, und das ist noch schöner als das, das er hier getragen hat.
Dornen können Rosen tragen

Werden wir uns also wiedersehen?
Unser Auftrag auf dieser Erde ist der,
an Liebe reicher zu werden.
Und ich glaube, dass die Liebe,
die in uns gewachsen ist, nicht verlorengeht.
Ich glaube an ein Finden und Begegnen –
wie immer es dann geschehen sollte –
wie hier, so in der anderen Welt.

Für mich ist die Welt,
in die wir im Tode hinübergehen,
so wirklich, wie diese es ist. Christus lebt.
Die wir für tot halten, leben.
Und wir: du und ich, werden auch weitergehen.
Mit neuen Aufgaben, wie ich mir denke.
So verkehrt sich das Verhältnis von Leben und Tod.
Nicht das Leben währt, bis der Tod es beendet,
sondern wir sind unter der Herrschaft des Todes,
bis wir frei sind und ins Leben treten,
hinüber in einen anderen Raum
und eine andere Zeit.
Trauer hat heilende Kraft

Wenn ich einmal gestorben bin,
so denke ich mir, betrete ich einen Raum,
der mir bis dahin fremd war,
den ich aber glaube.
Er war »jenseitig« und wird im Tod
und in der Auferstehung zu »meiner« Welt.
Im Tode geschieht nichts anderes
als hier schon bei jeder Einsicht:
Meine Welt wird weiter.
Mein Diesseits wird größer.
Vieles wird mir auch dann noch verborgen sein,
aber mein Blick wird tiefer
in das Geheimnis Gottes dringen,
tiefer in das Geheimnis seiner Welt
und auch in das Geheimnis,
das ich mir selbst bin.
Die leisen Kräfte sind es, die dich tragen

Sprich nur ein Wort, so wird meine Seele gesund

Ich wünsche dir nicht
ein Leben ohne Entbehrung,
ein Leben ohne Schmerz,
ein Leben ohne Störung.
Was solltest du tun
mit einem solchen Leben?

Ich wünsche dir aber,
dass du bewahrt sein mögest
an Leib und Seele.
Dass dich einer trägt und schützt
und dich durch alles, was dir geschieht,
deinem Ziel entgegenführt.
Mehr als drei Wünsche

Wenn ich sehe, wie heimatlos, wie ohne Ort hierhin und dorthin gezogen, wir morgen leben werden, so möchte ich dringend wünschen, es möge etwas wie ein bergender Raum gefunden werden, in dem wir zu Hause sein können.
Wenn ich mir vergegenwärtige, wie ununterscheidbar sich heute und erst recht morgen im öffentlichen und privaten Leben Wahrheit und Lüge, Wahrheit und Täuschung mischen werden, wie wenig kenntlich die Wahrheit noch sein wird, so wünsche ich mir, wir möchten ein Unterscheidungsvermögen gewinnen, das uns sagt, was Wahrheit sei und wo wir sie finden.
Wenn ich denke, wie von allen Seiten Propaganda und Werbung uns unsere Meinung und unsere Bedürfnisse vorschreiben werden, unsere Vorstellungen, wie wir unser Leben zu führen und womit wir es auszustatten hätten, wünsche ich uns eine Art Witterung dafür, was denn, nicht für andere, sondern für uns selbst, stimmig sei und was nicht, und die Widerstandskraft, es gegen eine Welt von andringender Suggestion durchzusetzen.
Die goldene Schnur

Was alle sagen, brauchst du nicht auch noch auszusprechen. Was alle verschweigen, könnte ein Wort lohnen.
Wenn du Unrecht siehst, wenn zum Beispiel viele gegen einen Einzelnen reden, ist es Zeit für ein Wort. Wenn du einen Menschen liebst, dann sage ihm das. Immer wieder. Oft. Täglich. Die Liebe lebt vom immer wiederholten Wort. Nach einem Wort der Freundlichkeit verlangen auch alte, kluge oder bedeutende Menschen. Auch Mächtige. Vergiss das nicht.
Die goldene Schnur

Du kannst in einer bestimmten Stunde und für bestimmte Menschen zu einem Wort werden oder doch wenigstens in die Nähe dessen kommen, was an dir Wort wäre. Ein Wort sein, das kann so aussehen, dass ein Mensch durch dich und das, was du ihm sagst, ermutigt wird, dass er Trost findet, dass er ein Stück Freiheit findet, dass er seinen Schritt in der nächsten Stunde mit mehr Vertrauen setzt. Wenn du zu einem Wort geworden bist, dann gehen Liebe und Klarheit, Vertrauen und Zuversicht aus von dir für jeweils den Menschen in deiner Nähe, der ohne ein solches Wort an seinem Leben und Schicksal verzagte. Und vielleicht begegnet dir in einer guten Stunde auch selbst ein Mensch, von dem du empfindest: Was der mir sagt, kommt weiter her als nur von diesem Menschen. Es ist – für mich – das Wort, das mich meint.

Die goldene Schnur

Dass du unberührt bleiben mögest
von Trauer,
unberührt vom Schicksal anderer Menschen,
das wünsche ich dir nicht.
So unbedacht soll man nicht wünschen.
Ich wünsche dir aber,
dass dich immer wieder etwas berührt,
das ich dir nicht so recht beschreiben kann.
Es heißt »Gnade«.
Gnade ist ein altes Wort,
aber wer sie erfährt,
für den ist sie wie Morgenlicht.

Man kann sie nicht wollen
und nicht erzwingen,
aber wenn sie dich berührt,
dann weißt du: Es ist gut.
Mehr als drei Wünsche

Was ich dir wünsche?

Nicht dass du der schönste Baum bist,
der auf dieser Erde steht.
Nicht, dass du jahraus, jahrein
leuchtest von Blüten
an jedem Zweig.

Aber dass dann und wann
an irgendeinem Ast
eine Blüte aufbricht,
dass dann und wann
etwas Schönes gelingt,
irgendwann ein Wort der Liebe von dir
ein Herz findet,
das wünsche ich dir.
Mehr als drei Wünsche

Gott sei vor dir
und zeige dir den rechten Weg.
Gott sei nahe bei dir
und lege seinen Arm um dich.
Gott sei hinter dir,
dich gegen alle dunkle Macht zu bewahren.
Gott sei unter dir,
dich aufzufangen, wenn du fällst.
Gott sei in dir,
dich zu trösten, wenn du traurig bist.
Er sei um dich her,
dich zu schützen in der Angst.
Er sei über dir
wie die Sonne am Himmel
und segne dich mit seiner Kraft.
Worte des Segens

Unser Gott,
der Mächtige,
Ursprung und Vollender
aller Dinge,
segne dich,
gebe dir Gedeihen und Wachstum,
Gelingen deinen Hoffnungen,
Frucht deiner Mühe,
und behüte dich
vor allem Argen,
sei dir Schutz in Gefahr
und Zuflucht in Angst.
Unser Gott lasse leuchten sein Angesicht über dir,
wie die Sonne über der Erde
Wärme gibt dem Erstarrten
und Freude gibt dem Lebendigen,
und sei dir gnädig,
wenn du verschlossen bist in Schuld,
er löse dich von allem Bösen
und mache dich frei.

Unser Gott erhebe sein Angesicht auf dich,
er sehe dein Leid
und höre deine Stimme,
er heile und tröste dich
und gebe dir Frieden,
das Wohl des Leibes
und das Wohl der Seele,
Liebe und Glück.
Amen.
So will es Gott,
der von Ewigkeit zu Ewigkeit bleibt.
So steht es fest nach seinem Willen
für dich.
Wie wir beten können

Jörg Zink – traumwandlerische Sicherheit

Jörg Zink, geboren am 22. November 1922 in Schlüchtern im hessischen Bergland, dritter Sohn von Max und Maria Zink, war schon mit drei Jahren Vollwaise. Seine Eltern hatten 1919, nach den bitteren Erfahrungen des Ersten Weltkrieges, den Habertshof gegründet und mit ihm den Versuch einer neuen Lebensgestaltung aus christlichen und sozialistischen Idealen. Maria Zink starb 1925. Max Zink hatte nach einer Mutter für seine drei Söhne gesucht und sie kaum geheiratet, als auch er starb. Jörg Zink und seine beiden Brüder wuchsen bei ihrer zweiten Mutter in Ulm auf.

Der frühe Verlust vor allem der Mutter machte aus Jörg Zink ein verschlossenes Kind. Er suchte und fand eine andere Mutter in der freien Natur. Seine Heimat wurde die Schwäbische Alb mit ihren Kalksteinfelsen, Höhlen, Buchenwäldern, Wiesen, Wacholderhängen und Quelltöpfen. Verschlossen, ja störrisch nach außen, träumte er dort seine eigenen Träume. Nach dem Abitur, als Jörg Zink zur Wehrmacht eingezogen wurde, ließ er sich zum Jagdflieger ausbilden. Das Fliegen, nicht etwa der Krieg, hat ihn begeistert. Navigation, Metereologie, die noch junge Flugtechnik auf leichten Maschinen und vor allem das grandiose Naturschauspiel zwischen Wolkentürmen und Regenbögen und unter dem Sternenhimmel über dem Meer waren prägende Abenteuer. Der Krieg und alle Begleiterscheinungen des Soldatenlebens waren ihm verhasst. Er hielt sich fern, wo er konnte. Der Stuttgarter Pfarrer Rudi Daur, Vater seiner späteren Frau, hat damals jungen Soldaten Literatur zugänglich gemacht, anspruchsvolle Literatur. Der Jagdflieger Zink las die großen Mystiker und Dichter. Besonders begeistert hat ihn Hölderlin, er lernte seine Texte auswendig.

Jörg Zink verbrachte einige Wochen in einem Militärgefängnis wegen unerlaubten Fernbleibens von der

Truppe unter zum Tode Verurteilten, darunter auch solchen aus der Résistance. Er selbst kam wieder frei, weil man ihn ohnehin für einen Todgeweihten hielt. Auch er wurde abgeschossen, und sein Flugzeug stürzte brennend ins Meer. Dass er und sein Kamerad aus dem eisigen Atlantik gerettet wurden, grenzte an ein Wunder. Aber das Erlebnis dieser Nacht hat seine Spuren hinterlassen. Das Dunkle, Abgründige, eine von innen drohende Finsternis ist sein Begleiter geblieben. Sein Gottesbild ist seither nie einseitig, es bezieht immer das Dunkle und Rätselhafte ein.

Vom Kriegsende erfuhr er in einem französischen Kriegsgefangenenlager. Man lag dort monatelang auf feuchten Wiesen, und er hatte Lungen-Tbc. Im Gefangenenlager erlebte er die Gemeinschaft von Christen, die nicht nach der Konfession fragten. Seither gilt ihm der Unterschied zwischen katholisch und evangelisch als überholt. Die Erfahrungen dort brachten ihn auch auf den Gedanken, Pfarrer zu werden. Die Hinwendung zu den Menschen, die er von Natur aus eher scheut, nahm er am Beispiel Jesu ab, der aus der Kraft des Geistes die Menschen dort aufsuchte, wo sie leiden, Angst haben und im Dunkeln wohnen. Als ihm bewusst wurde, dass die Hitlerdiktatur ein Ende hatte, hat er sich vorgenommen, dass kein Machthaber mehr das Recht haben sollte, über ihn zu bestimmen und sein Handeln zu beeinflussen. Das hat er in Politik und Kirche bis heute so gehalten.

In Tübingen studierte er Philosophie und Theologie. Immanuel Kant hat ihn gefesselt und unter den Professoren Romano Guardini. Aus dem Tübinger Stift, einer Art streng geführter Wohngemeinschaft von Studenten der Theologie, sind Generationen von bedeutenden Theologen hervorgegangen. Er wurde dort Repetent, das heißt, er lehrte die Jüngeren, was er an der Universität gelernt hatte. Das Lehren mit hohem Anspruch an sich selbst und die Hörer wurde ihm zur zweiten Natur. Die nächsten Stationen waren nach der Dissertation bei Helmut Thielicke: Jugendpfarrer in Esslingen und bald darauf Direktor des Burckhardthauses in Gelnhausen, einer Einrichtung, die zur Bildung der weiblichen Jugend gegründet worden war. In dieser Eigenschaft hatte er oft in Ostdeutschland zu tun, bis der Bau der Mauer 1961 diese Reisen unmöglich machte. Im Burckhardthaus begann er, sich mit einem für ihn wesentlichen Thema zu beschäftigen, dem Bild, das in der evangelischen Theologie des Wortes einen geringen Stellenwert hatte. Auch die Sprache besteht aus Bildworten, und nur wer die Sprachbilder zutreffend verwendet, findet Resonanz bei den Hörern. Zinks Sprache zeichnet sich dadurch aus, dass sie sich fern hält von Modeworten und noch nach Jahrzehnten die gleiche Stimmigkeit ausstrahlt.

Der Umgang mit jungen Menschen machte ihm klar, dass die bis dahin in der evangelischen Kirche allein gültige Lutherbibel nicht mehr verständlich war. Er stellte daher die wichtigsten Texte der Bibel in eigener Übertragung zusammen und veröffentlichte sie. »Womit wir leben können« ist seit Jahrzehnten ein Bestseller. Inzwischen hatte seine württembergische Heimatkirche ihn 1961 nach Stuttgart berufen, um kirchliche Sendungen für das neue Medium Fernsehen zu entwickeln. Hier war Neuland zu entdecken und zu gestalten. »Das Wort zum Sonntag« am Samstagabend war immer dann, wenn Jörg Zink auf dem Bildschirm erschien, ein Ereignis. Da er oft zu aktuellen

Themen in Kirche und Politik Stellung nahm, kamen Tausende von begeisterten Zuschriften (er hat sie alle beantwortet), gab es aber auch geharnischte Proteste und nicht selten Kritik von Seiten des Senders und der Kirche. Zink hat sich davon nicht beeindrucken lassen. Als Pfarrer und als Publizist hat man so viel Freiheit, wie man selbst mitbringt, ist seine Devise. Widerstand erlebte er auch sonst. Als er Mitte der sechziger Jahre die ganze Bibel neu ins Deutsche übertrug und diese ein Erfolg wurde, schalten Professoren und Kirchenleitungen, er habe ein Sakrileg an Martin Luther begangen. Zink war ein Außenseiter, den immer Neid und Bewunderung zugleich begleitet haben. Auf Deutschen Evangelischen Kirchentagen, die von den fünfziger Jahren an alle zwei Jahre das wichtigste protestantische Laientreffen wurden, hat er entscheidend dazu beigetragen, dass diese Tage jeweils mit einer Bibelarbeit als dem Grundgerüst des Tages begannen, und seine Bibelarbeiten zogen jeweils einige zehntausend Menschen an.

Man müsste, fand er, daran gehen, die Bibel zu illustrieren – mit Fotos von den Ländern, in denen die biblischen Geschichten spielten. Als die kirchlichen Gremien sich dazu nicht entschließen konnten, unternahm er es selbst. Zahllose Studienreisen führten Zink nach Ägypten, auf den Sinai, nach Jordanien, Israel, Syrien, in den Irak, die Türkei und Griechenland und Jemen. Mit seiner schweren Kameraausrüstung kletterte er auf Berge, durchstreifte Wüsten und Ausgrabungsstätten, Museen und Landschaften. Erkundete Geschichte und Gegenwart des Vorderen Orients, seine Menschen und Kulturen. Schuf Fernsehfilme und Diaserien für Unterrichtszwecke und leitete gelegentlich selbst Studienreisen. Nicht zu zählen die Vorträge, die er landauf, landab hielt, die Rundfunkbeiträge, kaum zu zählen die Schriften und Bücher, die er verfasste.

In seinem selbst entworfenen Haus hat er im Souterrain sein Arbeitszimmer eingerichtet, das anstelle von einem vier Schreibtische enthält, um Platz zu haben für die vielen verschiedenen Projekte, an denen er arbeitet. Morgens um 4.00 Uhr beginnt er täglich zu schreiben, weil ihn da niemand stört. Wenn er sich ausruhen will, geht er in seine Schreinerwerkstatt nebenan, wo er zimmert und drechselt, kleine Kunstwerke aus Holz und Möbel herstellt. Oder in den Garten, um mit Büschen und Bäumen zu reden. Oder er wandert und fotografiert – mit Vorliebe zarte kleine Gräser und Blüten.

Schon in den sechziger Jahren hat er in Fernsehfilmen auf den verheerenden Umgang des Menschen mit der Natur hingewiesen. Damals blieben sie unbeachtet. Als die Partei der Grünen gegründet wurde, trat er ihr bei und hat sie unterstützt. In Stuttgart war er lange Jahre Vorsitzender des Vereins Jugendfarm Haldenwiese, der Kindern und Jugendlichen der Großstadt ermöglicht, mit Pflanzen und Tieren umzugehen und auf einem Abenteuerspielplatz ihre eigenen Hütten zu bauen.

In den 50er Jahren gehörte er zu den Ostermarschierern gehen die Wiederbewaffnung der Bundesrepublik. Als die Friedensbewegung in den 70er und 80er Jahren sich gegen die Stationierung von Raketen auf deutschem Boden wandte, war er dabei. Er saß in Mutlangen mit den Demonstranten zusammen, übte und reflektierte mit ihnen gemeinsam den gewaltfreien

Widerstand. Dort und auf den Kirchentagen hat er sich für die Jugend und ihr Aufbegehren gegen etablierte Strukturen eingesetzt. Gern hätte er ein internationales ökumenisches Laienkonzil für den Frieden und die Bewahrung der Schöpfung ins Leben gerufen, aber die kirchlichen Strukturen gaben es nicht her.

Jörg Zink war mit Leib und Seele Pfarrer und Seelsorger, hat von Studienzeiten an seine persönlichen Vorlieben zurückgestellt zugunsten des Konsens mit seiner Kirche. Eine Professur oder ein leitendes kirchliches Amt hat er nie angestrebt. Er wollte sich »im Unterholz« bewegen, frei sein zum Wirken, das heißt zum Reden und Schreiben von dem, was er um der Menschen willen für aktuell und dringend hielt. Dabei versteht er sich nicht als Schriftsteller und Dichter, sondern als ein Handwerker des Wortes. Als seine Mitgliedschaft bei den Grünen ihn bei der Kirchenleitung unbequem machte und zudem das Privatfernsehen eingeführt wurde, dem er skeptisch gegenüberstand, zog er sich aus dem Fernsehpfarramt zurück und verzichtete auf sein Pfarrergehalt, um frei zu sein. Neben weiteren Büchern, die er verfasste, gab er ein großes

Diawerk zur christlichen Kunst heraus. Und begann noch einmal etwas ganz Neues: Er aquarellierte und brachte es zur Meisterschaft darin.

Die moderne Physik beschäftigt ihn, das neue Weltbild, das sie zeichnet, und die Naturmystik der Indianer. Was er jahrzehntelang für sich behalten hatte, als er sich als Sprecher und Lehrer seiner Kirche verstand, hat er in den 90er Jahren deutlich gemacht: Im Grunde war er von Kind auf ein Mystiker. Das meiste, was er schrieb, hatte schon immer diesen Klang, aber nun sagte er es deutlich: »Mystik ist die Zukunft des Christentums«. Mystische Texte aus allen Religionen und Kulturen, nicht allein aus der biblischen und christlichen Tradition, haben ihn von Jugend auf begleitet und sind die geheime Antriebsfeder seines Denkens und Tuns. Mit traumwandlerischer Sicherheit ist er dieser Spur sein Leben lang gefolgt, und was immer er tat mit seinen vielseitigen Begabungen und seiner erstaunlichen Arbeitskraft, schöpft aus dem, was schon das Kind an den Hängen der Schwäbischen Alb geträumt hat.

Herkunft der Texte

Die Zitate stammen aus folgenden Titeln von Jörg Zink:

Alles Lebendige singt von Gott, Stuttgart 1982

Auferstehung. Und am Ende ein Gehen ins Licht, Stuttgart 1999

Der Singvogel. Das neue Gesangbuch (zusammen mit Hans-Jürgen Hufeisen), Stuttgart 1997

Die goldene Schnur. Anleitung zu einem inneren Weg, Stuttgart 1999

Die leisen Kräfte sind es, die dich tragen, Stuttgart 2002

Die Mitte der Nacht ist der Anfang des Tages. Bilder und Gedanken zu den Grenzen unseres Lebens, Stuttgart 1998

Dornen können Rosen tragen. Mystik – die Zukunft des Christentums, Stuttgart 1997

Erde, Feuer, Luft und Wasser. Der Gesang der Schöpfung und das Lied des Menschen, Stuttgart 1986

Erfahrung mit Gott. Wir stehen nicht am Ende, sondern immer am Anfang des Christentums, Stuttgart 1974/ 2002

Liebe ist ein Wort aus Licht, Stuttgart 1985

Mehr als drei Wünsche, Stuttgart 1982

Postkarte, Stuttgart 1993

Psalmen und Gebete der Bibel, Stuttgart 1988

Sieh nach den Sternen – gib acht auf die Gassen. Erinnerungen, Stuttgart 1992

Trauer hat heilende Kraft, Stuttgart 1985

Was bleibt, stiften die Liebenden, Stuttgart 1979

Wie die Farben im Regenbogen. Sieben Bilder vom Reich Gottes, Stuttgart 1986

Wie die schöne Lau das Lachen lernte. Und was beim Älterwerden sonst noch zu gewinnen ist, Stuttgart 1984

Wie wir beten können, Stuttgart 1970

Wo das Glück entspringt, Stuttgart 1984

Worte des Segens, Jörg Zink Kalender 2003, Stuttgart 2002

Die Deutsche Bibliothek – CIP-Einheitsaufnahme
Ein Titeldatensatz für diese Publikation ist bei
Der Deutschen Bibliothek erhältlich.

2 3 4 5 6   06 05 04 03 02

Ein Unternehmen der Verlagsgruppe Dornier
Postfach 80 06 69, 70506 Stuttgart, Tel. 0711-78 80 30
Sie erreichen uns rund um die Uhr unter www.kreuzverlag.de
Umschlaggestaltung, Layout: Sibylle in der Schmitten, Meerbusch
Umschlagmotiv: Franz Marc, Kleine Komposition (II),
Haus mit Bäumen (Ausschnitt)
Satz: de·te·pe, Aalen
Druck und Bindung: GGP Media, Pößneck
Die Schreibweise entspricht den Regeln
der neuen Rechtschreibung.
ISBN 3 7831 2185 X